Mwen Sonje

Lòt liv otè a ap prepare

- Haiti and the Problem of Religion:
  A Call for Revolution
  (Religion: Le Mal d'Haïti)

- La Fille du Hougan
  (Yon lanmou enposib)

Mwen Sonje

Yon liv powèm

Wilson Maceno

Pibliye pa Wilson Maceno
Minneapolis, Minnesota
www.wilsonmaceno.com

Enprime Ozetazuni (United States)

Foto kouvèti a
Pa Theo Maceno

Lis Powèm yo

Marengwen	17
Wanga Nègès	18
Hey Mapou	19
Zèb Ginen	20
Flè Dizè	21
Ou Se Moun Okay	22
Okay Kont Jeremi	23
Devenn	24
Sa pa Mache Pou Mwen	25
Vye Bogota	26
X + Y - 5 = 0	27
Hey Lakay	28
A Ki Se Mèt	29
Ki Lang ou Pale	30
Ka Matant Merèz	31
Ti Mafanm	32
Tant Herèz	33
Na p Byen Pase	34
Gloria	35
Menaj Mwen	36
Yon ti Sousèt	37
W Anraje Mouche	38
Mwen malad Pou ou	39
Baboukèt	40
Timidite	41
Mwen te Renmen sa	42

Lontan Nan Larivyè 43

Samdi Jou Bouyon 44

Bouyi Te 45

Nan Gadyè 46

Ki Chans Ou 47

Zen Pete 48

Ti Mache 49

Move Mès 50

Yo Sanble Men Yo Pa Menm 51

Bagay m Rayi 52

Omaj Pou Yole Derose 53

Ochan Pou Ti Gera 54

Omaj Pou Emeline Michel 55

Se Pa Ayiti Sa 56

Patizan 57

Ou Konnen 58

Kite m Plenyen 59

Mwen Pra l Andeyò 60

Ayisyen Ak Lasyans 61

Leve Atè a 63

Respè 64

Fabiola 65

Islande 66

Claudia 67

Randevou 68

Tounen Non 69

Yon Favè 70

Si Bondye Te Ka Tande   71
Sa w Konnen   72
Eskize m   73
Vini   74
Gran Nèg   75
Pou Laglwa Bondye   76
Yon Priyè   77
Pè Letènèl   78
Simityè   79
Eliyis Ak Nich Foumi An   80
Grangou Dimanch   81
Tèt Chaje   82
Twa Zanmi   83
Yon Pèlen   84
Occius   85
Lanati Ankòlè   86
Tonèl Malè   87
Kite Babye   88
Restoran Ayisyen   89
Zoranj Malere   90
Kot Blan Pa w   91
Se Blan m Ye   92
Apre Bondye se Blan   93
Milton   94
Sabine   95
Foto a   96
Louloune   97

Marise   98
Mimose   99
Minon   100
Si w te Pou Mwen   101
Corona   102
Jou Kodenn   103
Sou Glasi   104
Madan Sara   105
Se Madanm ou   106
Konpa   107
Anwo Gavanno   109
Ou Konn Konsa Tou   110
Se Lavi   111

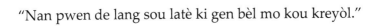

"Nan pwen de lang sou latè ki gen bèl mo kou kreyòl."

Les Frères Déjean (Mots Créoles)

Dedikas

Pou madanm mwen ak timoun yo
Pou frè m ak sè m yo
Pou kouzen ak kouzinn mwen yo
Pou fanmi m yo
Pou moun Okay
Moun peyi m
Pou zanmi m yo
Pou moun nan zòn Kanperen, Labich, Gwo Maren,
Kavayon, Bonnfen, Valbrinn
Pou moun kite grandi bò lakay la
Sou Boulva Kat Chemen tankou
Fanmi Danjoint, Bellegarde, Lubin, Louizaire, Vertus,
Joachim, Dieudonné, Dunois, Tilus, Alain, Belizaire, St-
Hilaire, Louis-Jean, Sanon, Jeune, Delia
Pou moun lòt bò fose tankou
Fanmi Anoza, Clergé, Goin, Avignon, Appolon, Charlien,
Fortuné, Elivert
Pou ansyen kanmarad mwen yo
Nan Lise Filip Gèrye
Ak Nan Lise Jan-Jak
Pou ou menm tou ki pale kreyòl
Pou pitit zantray peyi Ayiti ki epapiye
Pou moun andeyò kou moun la vil
Ri kont nou
Li bon pou san twa maladi

Pou m ka Sonje

M ap ekri powèm sa yo
Ak yon kreyon san gòm
Nan yon men
Yon tas kafe
Nan yon lòt
Pou m ka sonje

Panse sou rekèy powèm ki soti nan kè ak nan sèvo
Wilson Maceno alyas Toto

Depi 1804 ayisyen nan peyi nou Ayiti ta sipoze viv lib. Dayè se pou sa menm ke zansèt nou yo te goumen pou ban nou yon ti peyi ki rele Ayiti Cheri, Ayiti Toma. Ewo endepandans nou yo te kwè nan tèt yo, yon te gen yon vizyon nòb, yo te vle kreye yon patrimwàn pou tout ayisyen ki te esklav e ki te vin jwenn libète yo.

Se vre, nou te rive chase fransè yo nan teritwa nasyonal nou, men sanble nou pat vrèman chase yo nan konsyans nou. Sosyete ayisyen an te vin devlope yon vye konpleks fransè ki peze anpil nan kokobe nou. Ayiti ta dwe derape ak kreyòl li paske se lang sa a ki lang tout ayisyen. Men okontrè nou minimize bèl lang sila a ke nou genyen pou nou adopte yon fransè ki pa menm pou nou. Mwen gen 66 zan kounye a, mwen sonje epòk kote yo pini ti elèv ayisyen nan lekòl Kay Frè Sakrekè nan Okay. Wi, pafwa se nan jeton, pafwa se kout rigwaz tou si elèv la pat ka sonje leson li, ki te an fransè!

Zèv powèm kreyòl ke Toto reyalize montre ke li se yon nonm ki lib, lib pou li panse an kreyòl, lib pou li ekri an kreyòl. Travay sila a voye monte kilti pwòp pa nou, kilti lakay! Li montre nou tout ti mès nou yo, li rale mennen nou nan 4 Chemen nan Okay, nan kapital la menm jan ak nan zòn riral nou yo. Epitou, li pa bliye frè ak sè nou yo nan dyaspora a. Zèv sa a ap fè nou ri, reflechi ak sezi.

Nan youn nan powèm li yo, zanmi konpatriyòt nou Toto fè nou konprann ke gen lontan nou menm sitwayen ayisyen ap chache x nan ekwasyon sou tablo a. Li eksplike nou ke menm lè nou rive jwenn x, x toujou rete yon enkoni pou nou. Pwoblèm lan pa janm rezoud vre. Nou toujou kontinye rete nan abstrè, anyen pa janm konkretize. Nou espere ke lektè ki byen dijere rekèy powèm sila a ap pran konsyans ke li se yon ayisyen pou li santi l fyè ke li se yon ayisyen.

Nou di nan lang nou: "kreyòl pale, kreyòl konprann."

Men ak rekèy sila a, nou kapab di tou: "kreyòl ekri, kreyòl konprann."

Nicaise Avignon

Yon ti Mo Pou Kòmanse

Yonn nan mizik mwen pi renmen se bèl konpozisyon gwoup *Les Frères Déjean* ki rele *Mots Creoles*. Nan mizik sa a mesye yo di konsa, "Nan pwen de lang sou latè ki gen bèl mo kou kreyòl. Nan bouch machann nan lari se yon grap bèl mo k ap soti."[1] Se vre, mwen dakò nèt ak nèg yo. Lang kreyòl la, pa gen tankou l.

Se pou tèt sa, nan liv powèm sa a, mwen desann nan bokit koulè penti lang kreyòl la pou m pentire yon moso nan kilti pèp ayisyen an, tanperaman moun yo, ak jan yo viv chak jou. Mwen ekri sak vinn nan tèt mwen sou lanmou, lanati, relijyon, lavi, elatriye.

Gen powèm ki sanble ak jan literè ayisyen ki rele lodyans ke gwo lodyansè sa yo metrize trè byen, tankou Maurice Sixto, Georges Anglade, Justin Lhérisson, René Depestre, Frankétienne, elatriye. Powèm sa yo ka fè w ri ou byen yo ka fè w reflechi. Se sa k fè mwen ekri pou m pataje avè w yon moso nan mwen. Mwen ekri pou m fè w ri e pou nou ka apresye ansanm richès kilti peyi nou Ayiti.

Wilson Maceno
Me 2020

---

[1] "Mots Créoles", Les Frères Déjean nan Album Bouki ac malice (Haïti Collector)

Dedikas Espesyal

Pou manman m
fanm vanyan
ki pa janm sispann
renmen
ki bliye tèt li
pou l renmen
moun
fanmi
lavi
pou fanm sa a
ki mete m kanpe
onè pou ou
Marie Mesida
mwen renmen w

Marengwen

Marengwen gwo dèyè yo
Se marengwen Okap
Sa k mèg yo
Se marengwen Senmak
Marengwen Jakmèl
Pa fè mizik ankò
Marengwen Jeremi
Vole dousman
Men se yo ki mòde pi rèd
Marengwen Ti Gwav
Yo gade w nan je
Avan yo mòde w
Marengwen Pòdpè
Yo fè wonn tèt ou
Apre sa w pa tande yo
Marengwen Gonayiv
Se yo ki pi mechan sou la tè
Marengwen Okay kapon
Kou w leve men w yo kouri
Marengwen Pòtoprens
Ou pa konn sa k mal ak sa k femèl
Tout mòde menm jan

Wanga Nègès

Lè w te vin poze
Chak jou
Sou ti branch bwa
Nan lakou a
Mwen pat konnen se te
Konpay ou t ap chache
Eskize m
Mwen pat konnen
Se pou mwen w t ap chante
Mwen te pito
Kouri dèyè w ak fistibal
Mwen te pito
Tire wòch dèyè w
M te anpeche w viv la vi w
Eskize m
Mwen pat gen bon konprann
Anvi touye
Anvi detwi
Te ranpli kè m
Mwen regrèt mwen pat
Jwi prezans ou
Padone m

Hey Mapou

Eske se vre ou se pi gwo bwa
Eske se vre se nan pye w
Dyab bay randevou
Eske se vre ou fè moun pè nan nwit
Eske se vre ou gen baka kache nan vant ou
Di m non mapou
Eske w se repozwa move lespri
Kibò sa patizan
Se kont ya p fè sou mwen
Se vre mwen se pi gwo bwa
Men se pou m ka bay lafrechè
Se pou rasinn mwen ka rale dlo
nan bafon latè
Ou te konnen fèy mwen bon pou lafyèb
Ou te konnen fèy mwen se yon legim
Ou te konnen ou ka fe mèb ak planch mwen
Ou ka fe savon ak grenn mwen tou
Se vre mwen se pi gwo bwa
Men mwen pa nan dyab avè w
Paske mwen bay lavi

Zèb Ginen

Lapli tombe
Solèy klere
Zèb ginen rache
Zèb ginen koupe
Gwo van soufle
Larivyè debòde
Zèb ginen kanpe
Zèb ginen kenbe

Dan bèt pase
Dan bourik, dan bèf
Dan chwal, dan milèt
Zèb ginen pi di
Bon tè, move tè
Tè sab, tè wòch
Tè nwa, tè wouj
Zèb ginen pouse

Nan dezè, nan forè
Nan plenn kou nan mòn
Zèb ginen grandi
Zèb ginen fleri
Move lavi, move lanvi
Zèb ginen pi fèm
Ayisyen se zèb ginen
Lè l mouri se atò li la

Flè Dizè

Nan pwen flè bèl konsa
Yo tou piti
Men se pa tout yo sa
Kou w lage yo
Yo pran lakou pou yo
Yo bay bèl ti koulè
Men yo dwòl
Yo sèlman la ak solèy
Kou la brim di swa tombe
Yo chanje
Gen moun ki tankou flè dizè
Lajounen yo yon moun
Leswa yo yon lòt

Ou Se Moun Okay

Si w se moun Okay
Ou pa ka bliye
Lè Serafen finn kloure yon soulye pou ou
Bò kare mache a
Djagit yo soti pou manje pye w
Si w se moun Okay
Ou pa ka bliye
Lè w al fè foto ka "Rat"
Si w pa peye
Li kole foto a nan mi an
Si w se moun Okay
Fòk ou ta sonje
Meteyo Radyo Limyè toujou di
"Un ciel clair, partiellement nuageux"
Menm lè gen siklòn
Si w se moun Okay
Ou pa ka bliye
"A chacun son disque, à chacun sa chanson"
Nan radyo RDC
Si w te moun Okay
Ou pa t ap mande ki moun yo te rele "Rat" la
Ou t ap konn Ti Levi tou
Fòk ou ta sonje "La Dilligence"ak "La Sagesse"
"Fleur de Mai" ak "Carmelle et Jeanne"
Si lapli pat janm mouye w nan Jet Ciné
Si w pat janm joure Sen Fimen
Lè l koupe yon bout nan fim nan
Ou pa moun Okay
Ou fèk desann lavil

Okay Kont Jeremi

Men bon boul
Lè ekip Jeremi an debake
Vinn jwe ak ekip Okay la
Tèren Gabyon chaje
Kou ze kana
Bòt kòmandan Sovè
Klere pase koulèv
K ap chofe solèy
Li pral veye moun
K ap pran daso
ki monte pye lam veritab
Pou yo pa peye
Ekip yo panko
Menm moute tèren
Wanga ap boule
Fanatik finn andyable
Move pas miltipliye
Defans fè flay
Gadyen Okay la wè
Twa boul ap vinn sou li
Li plonje dèye youn
Se pa sa k bon an
Gòl gòl gòl
Jeremi ap mennen
Men Okay te gen bon ti jwè
Jean-Joseph Mathelier
Toup pou yo afile
Match fini
Okay genyen de a en

Devenn

Tonnè
Gade kouman m
Frape dwèt pye m
M te mèt tounen
M pap jwenn lajan an non
Sè jousi mwen gen yon sèl devenn
Sou mwen
Tout sa m brase pa mache

Sa Pa Mache Pou Mwen

Mwen mete yon grenn bale dou
Anba lang mwen
Pou papa m pat bat mwen
Sa pa mache pou mwen
Mwen pran baton kan menm
Mwen mare yon pye jon
Mwen mete yon wòch sou li
Pou papa m pat kale m
Sa pa mache pou mwen
Mwen pran baton pi rèd
Mwen mete liv la anba tèt mwen
Pou m ka sonje leson an
Sa pa mache pou mwen
Kou m rive devan mèt la
Mwen bliye leson an
Plan men m grate m toutan
Mwen panse m t ap rich deja
Sa pa mache pou mwen
Mwen reve m ap vwayaje
Mwen jwe zewo twa ak tout revè a
Sa pa mache pou mwen
Lapolis rete m paske
Mwen t ap kouri machinn twòp
Mwen di "Jezi sove m"
Mwen di sa twa fwa
Sa pa mache pou mwen
Mwen pran kontravansyon an
Sanble sa yo di a se pa vre
Ou byen se mwen k devenn konsa

Vye Bogota

Tap tap tap tap tap
Vye Isuzu Pup Aurel la
Ap konte silend
Ri Lantèman kouvri
Ak lafimen dizèl
Aurel ap grese sere
Yon vye bogota
Yon zo reken
Men se li
Ki ba l manje

X + Y - 5 = 0

Depi m leve timoun
Mwen jwenn
Ayisyen ap chache x
Yo kwè depi yo jwenn x
Tout pwoblèm yo rezoud
Menm lè yo jwenn x
Se toujou sou tablo
Men an reyalite
X toujou rete yon enkoni

Hey Lakay

Ou jwenn ak mwen sou Pòtay
Ou di m ou se nèg Okay
Enben, sa k pase lakay
Monchè nèg anba pay

Nèg vrèman ap manje miray
M ap di w yon lòt bagay
Si w wè m ap rele way
Se paske mwen anba tray

Ou konnen chita pa bay
Mwen pran nan kranponay
Zanmi m yo lage m sou ray
Paske m pa nan tripotay

Pouki w pa gen yon bwat siray
O mwen ou ta gen lamanjay
Nan Pòtoprens pa gen travay
Pa kouri vinn pran piyay

Si w pat twò kannay
Ou pa ta pran nan angrenay
Ou ta jwenn yon zèl volay
Ou pa ta ap pote twòp chay

Men nèg Okay se bout feray
Si la vi a ap ba w kabray
Pa lage Bondye yon may
Ak li wa gen batay

A Ki Se Mèt

Yo di sa k atè
Se pou chen
Se vre
Men ou pa yon chen
Si w jwenn yon bagay
Se pou mande
A ki se mèt

Ki Lang ou Pale

Sa k pase *man?*
Ou *still* nan peyi *a?*
Mwen rele w ou pa *pick up*
Telefòn mwen te *dichaj*
Ma ba w yon *call* pita
A monchè ou se yon *fucker*
Wa p *trip?*
Non, mwen *just busy*
So na pale *brother*
Ok *partner*

Ka Matant Merèz

Ri Monseyè Giyou
Chaje ak moun
Byen bonè depi senkè nan maten
Ti pyès kay la plen moun
Yo an ran deyò a
Veso nan men
Ka matant Merèz
Nan yon mayi moulen
Te gen tout kalite moun
Misye Romain
Ki te prepoze kontribisyon
Mèt Morose ki te fè kou nan lise a
Kaporal Micho ki te gad palè
Paula ki t ap travay nan anbasad la
Ronal chofè bis Kafou Fèy la
Minon ki t ap travay nan Teleco
Mimose ki t ap travay lopital la
Tout pase pran pa yo
Avan m monte nan lise Jan-Jak
Mwen pase tou
Menm lè m pa gen yon goud
Mwen manje kan menm
Se te moun mwen

Ti Mafanm

Ou leve granm maten w al pèdi tan
Devan yon tiyo ou rete byen lontan
Ak tout lòt domestik yo ou reyini
W ap tann yon dlo ki pap janm vini

Yo voye w nan mache, ou pote chay lou
Yo ba w tonmtonm, yo pap ba w kalalou
Nan jounen kou nan nwit se ou yo voye
Lè solèy ou swe, lè lapli ou mouye

Yo maltrete w ou pa gen lapawòl
Pou ti krik ti krak, se sabò san kontwòl
Pesonn pa pou, ou pa gen kè poze
Yo pa ba w yon ti tan pou w repoze

Redi chive, rale zòrey, ou pa plenyen
Ou pa kouri, ou pa sove, ou pa anyen
Anba jouk pouvwa, mizè, ou antrave
M ap mande si yon jou wa va leve

Tant Herèz

Lè tant Herèz pral
Nan mache
Bourik li abiye
Ak rechanj tou nèf
Li chita afam
Yon mouchwa ti kawo
Mare tèt li
Yon chapo lajè yon bichèt
Sou tèt li
Ou ta di se renn Bèbèt
Sou fotèy li

Na p Byen Pase

Peyi a lòk
N ap byen pase
Pil fatra pi wo pase mòn Kabrit
N ap byen pase
Lekòl fè twa mwa nan mawon
N ap byen pase
Lopital fèmen
N ap byen pase
Pa gen kouran
N ap byen pase
Tout bagay monte tèt nèg
N ap byen pase
Ayisyen toujou ap byen pase
Menm lè y ap mouri

Gloria

Chak lè m wè Gloria
Tèt mwen pati nèt
Fò w ta wè sa
Mwen pèdi *"Je crois en Dieu"* m
Chak lè m tande non l nonmen
Kè m kase voup
Mwen bliye tout sa m t ap fè
Fò w ta wè sa
Kou l parèt anba galeri a
Si je l tonbe nan je m
Tout san m kouri
Ti jarèt mwen yo pran tranble
Gloria wete tout nanm sou mwen
Tèt mwen pati nèt
Se mwen k ta di w
Kouman l vire lòlòy mwen
Gen de lè
Mwen gade l nan yon tou blòk
Gen de lè
Mwen monte sou do kay la
Gen de lè
Mwen chita bò baryè a
M ap veye si l pap soti
Menm lè l pa ban m gaz pote

Menaj Mwen

Je anmorèz mwen klere
Tankou zetwal douvanjou
Tete l plen byen won
Tankou kalbas Bwalo
Bouch li pwès tankou kiyè bwa
Yo bat mayi moulen
Lè li abiye l pou al wè menaj li
Li penyen ti kouri
Yon flè choublak bò tèt li
Ou kwè se bèl sa
Li santi bon tankou
Ponpeyaj jasmen
Valiz li sou do l
Li mache tankou
Yon mabouya ki sou
Lè yo wè l ap pase sou boulva a
Vakabon Kat Chemen di
Wouch, gade menaj Toto a
Tonnè krizòt mwen
Ti nonm sa a konn gou bouch li

Yon ti Sousèt

Solèy la frape rèd
Nan galèt la
Mwen menm
Ak menaj mwen
Nou pati
N al nan mango
Nou keyi
Yon mango fil
Nou peze l
Nou fè
You ti sousèt
Nou keyi
Yon mango kòn
Nou peze l
Nou fè
You ti sousèt
Nou fè yon ti bo
Nou peze
Nou fè
Yon ti sousèt

W Anraje Mouche

Dòmi nan je m
Mwen fatige
Depi m maten
M ap bourike
Kounye a
Ou vle pase pye
Ou san pozisyon
Tout kò w grate w
W ap fwote pye w
Ou vle karese
Maten an ou fè
W anraje mouche

Mwen Malad Pou Ou

Ay! ma Miss
Ou vire lòlòy mwen
Mwen malad pou ou
Mwen gen yon doulè
Ki chita nan kè m
Tanpri ma Miss
Ban m yon ti soulajman
Kè m ap dechire
Mwen santi m cho
Chalè lanmou sa a twòp
Banm yon sewòm
Yon ti bo mouye
Yon ti karès pou doulè a
Ban mwen l nan tout kò m
Ay! Ma Miss
M ap mouri pou ou

Baboukèt

M anvi rele
M anvi kriye
M anvi di tout latè beni
Kouman m renmen w
Men bouch mwen mare
Yon baboukèt
Vlope dyòl mwen
Tanpri lage m
Mwen fatige
Jwe jwèt lanmou
Mwen fatige kenbe kè
Mwen fatige kache
Mwen vle renmen w

Timidite

Mwen sonje
Lè m te ti jennjan
Mwen te gen ti laj toujou
Vwa m pat ko menm chanje
Mwen pat ko gason kanson
Mwen te renmen Laura
Chak dimanch
Apre sèvis mwen bal woulib
Nou pase nan ti chemen kwochi
Pou nou ka mize nan wout
Mwen kase yon branch nim
Chak pa m fè
Mwen rache yon fèy jete
Avan nou janbe pas dlo a
Mwen pran yon valè ti wòch
Mwen fè yo sote dlo
Je m atè, mwen pa ka gade Laura
Mwen pa janm di l mwen renmen l
Mwen te timid
Yon jou
Mwen mete yon branch lyann lamitye
Sou yon pye kandelab
Chak jou m ap veye.
Si l mouri
Nou pap renmen
Si l pran
N ap ansanm pou lavi

Mwen te Renmen sa

Clotude te yon bon pwofesè
Li pat gen mari
Li pat gen pitit
Li rete nan yon ti pyès kay
Pou kont li
Li pa janm al nan bal
Li pa janm al nan plaj
Li pa al nan fèt ka moun
Li pa nan plezi
Li pa gen menaj
Mwen te renmen
Lè m al pran leson ka Clotude
Li fè ji grenadya
Kite pou mwen
Li toujou gen
De ou twa pen ke long
Li plen ak manba
L ap tann mwen vini
Pou nou manje ansanm
Sa m te pi renmen an
Se lè l mete m chita sou janm li
Pou l ban m leson
Mwen santi souf li dèyè kou m
Men l sou zepòl mwen
Chak lè m fè byen
Li ban m yon ti bo
Mwen te renmen sa

Lontan Nan Larivyè

Yon ganmèl
Yon batwèl
Yon pil rad sal
Nan tan lontan
Nenpòt jou samdi
Nan larivyè
Yon grenn digo
Yon boul savon
Al pedi tan
Lave de rad
Fwote
Bat
Tire kim anlè
Mete tranpe
Rense seche
Solèy boule
Grangou pete
Kim savon
Men blanch
Fè twòkèt
Mete sou tèt
Jou samdi
Jou larivyè

Samdi Jou Bouyon

Chache de grenn chabon
Sanble dife
Mete pye bèf bouyi
Ou yon ti tonbe kabrit
Netwaye epina
Kale viv
Pran
De grenn bannann miske
Twa malanga
Kat patat ti micho
Kale yanm jòn Dichiti
Mete yon ti lyann panyen
Yon ti ponyen bobo kodenn
Fè boul farinn met la
Ajoute de grenn piman bouk
Kite l konsonmen
Jou samdi
Jou bese leve
Jou bouyon

Bouyi Te

Limen dife
Pran bonm nan
Mete dlo bouyi
Chache fèy
Lage kanèl
Yon tèt bazilik
Mete de grenn ani etwale
Mare twa fèy sitwonel
Twa fèy korosol
Yon ti jenjanm
Men te ti bonm
Pa gen tankou l

Nan Gadyè

Nèg debake
Lodyans pete
Wanga mare
Kòk panyòl
Kòk kalite
Kòk zenga
Zepon file
Kout bèk pati
San vole
Tafya tonbe
Lajan brase

Ki Chans ou

Pa manyen komès mwen mouche
Mwen fèk ap ouvri
Ou gen pou fè m pa vann anyen
Pou tout jounen an
Ki chans ou

Zen Pete

Zen pete
Chak samdi apre midi
Anba pon Kavayon
Nan mache pwason
Mouch kouvri kivèt piskèt
De twa karang
Ak kèk grenn ti woz
Medam Kristinn yo
Jwenn ak sa Grandye yo
Mele ak fanm Bedo
Medam sa yo
Pa mete kilòt yo pou bèl twèl
Move pri bay
Betiz tonbe
Rosette kanpe ap gade
Lajan l pa kont
Demen dimanch premye di mwa
Li pap pèdi kominyon l
Pou pesonn
Li tounen san pwason
San bri san kont

Ti Mache

Depi lanjelis tonbe
Nan ri Desi
Anba poto limyè a
Yon ti mache gaye
Bò kot machann fritay la
Ti Batwèl ap vann kola
Solanj ap vann mayi boukannen
Silniz ap vann mango
Yon lo mango labich chode
Yon lo mango won
Lina ap vann labapen bouyi
Iresya ranje bak li
Yon boutèy kleren Dazma
Yon boutèy tranpe
De grenn sirèt Toli
Rèzma ap vann kann
Liniz ak yon liv istwa
Ap monte desann
Je l tou patou
Sof nan liv la
Jobè chita sou yon bokit
Li pap regle anyen
Gade pa pete je
Chak moun ap regle tre afè yo
Chak swa
Anba poto limyè a

Move Mès

Gen tripòt ak tripot
Pa gen tripòt pase machann kenkay
Gen rèd ak rèd
Pa gen rèd pase machann vyann
Gen malelve ak malelve
Pa gen malelve pase machann pwason
Gen epav ak epav
Pa gen epav pase machann pèpè
Gen cheran ak cheran
Pa gen cheran pase machann
Nan ti mache Simon
Gen rizèz ak rizèz
Pa gen rizèz pase machann lèt
Gen peng ak peng
Pa gen moun peng pase machann kwann
Ou ka bay manti kont ou
Men w pa ka bay manti pase bòs ebenis

Yo Sanble Men Yo Pa Menm

Menm jan
Ponmoroz pa pòm
Grenn siwèl pa grenn monben
Grenn savonèt pa kenèp
Zanmorèt pa berejèn
Menm jan
Pye pengwen pa pye anana
Masòkò pa yanm jòn
Mango fil pa mango kòn
Vyann mouton pa vyann kabrit
Menm jan
Pèsi pa silantwo
Kaka bèf pa bonbon siwo
Pale kreyòl pa vle di w se Ayisyen
Se sèl politisyen ak avoka
Ki degouden ak senkant kòb
Yo bay manti menm jan

Bagay m Rayi

Mwen rayi lè m
Panko menm leve
Poul panko menm desann bwa
Krikèt ak zandolit ap chante toujou
Pesonn panko bale rouze
Ni jete dlo, ni jete vaz pipi
Ou tande yon machann k ap di
Ze bouyi, fig muuuur
Men kwis poul, zèl poul
Savon lave, fab, klowòs
Men balèn, plagatòs, alimèt
Men powo, berejèn, bèl epina
Vye chodyè chire koule
M achte yo
Dlo, dlo, dlo
Vye batri ennvètè
Vye batri machinn m achte yo
Sa m pi rayi a
Se yon nèg ak yon megafòn k ap di
"Vinn jwen Jezi
Ou byen w pral boule nan lanfè
Sispann bwè kleren
Jezi renmen w
Sispann jwe bòlèt"
Sa k pi rèd la
Resi bòlèt pa l nan pòch li

52

Omaj Pou Yole Derose

Yo di la renn Sheba
Te fè Salomon fou
Mwen fou pou ou tou Yole
Yo di renn Anakawona te yon bèl fanm
Se paske w pat ko fèt Yole
Yo di zanj nan syèl yo konn chante
Yo pant ko tande jan w chante
"Lontan, Lontan", "Tande Lanmou"
"Quand Mon Coeur Bat la Mesure"
"Merci" ou "Si Bondye"
Kimoun ki ka chante tankou w?
Ou se renn mizik lakay
Ou se yon moniman nasyonal
Ou se atis mwen pi renmen
Mèsi Yole

Ochan Pou Ti Gera

Lè Djet-X monte sou pis la
Pou gaye "Gagotte Djet la"
Tout moun "Ret Cezi"
Lè Ti Gera ap fè sax la pale
Ou ta di se "Rossignol" k ap chante
"Tchouap Tchouap"

Lè "Cloche la Sonnin" menm
Ou konnen pou "Fais-toi Plus Belle"
Pou "Nous Deux" e "ma Grand-Mère"
Ou ta di "Le Telephone Sonne"
"En Silence" pou "Vanessa"
"Femmes Jalouses" sa yo "Pou raison nou"
"Nou pa mande Quitter"

An "Realité" Ti Gera
"Te Extraño"
Ochan pou ou
"Love to Love You"
Gerard Daniel
"Préfet de Brooklyn"

Pou Emeline Michel

Si m ta di w lè w ap chante
Mwen pa kriye mwen peche
Si m ta di w
Lè w ap chante "mèsi Lavi"
Tout chè nan kò m pa kanpe
Konnen mwen nan manti avè w
Lè w priye "Pè Letenel", "Beni-yo"
Se mwen k konnen
Kouman mizik sa yo
Mache nan san m
Emline fanm peyi m
Mèsi pou kado mizik
Ou ba pèp Ayisyen
Mwen renmen w

Se Pa Ayiti sa

Kot peyi fènwa sa a soti
Kot peyi pèp dekourajan sa a soti
Kot zile pèp bese lebra sa a soti
Kot zile yonn ap manje lòt sa a soti

Kot peyi fènwa sa a soti
Kot peyi lanfè sa a soti
Kot zile moun ap kouri kite sa a soti
Kot zile lòt nasyon ap derimen sa a soti

Kot peyi fènwa sa a soti
Kot peyi kap touye pwòp pitit li sa a soti
Kot zile kraze brize sa a soti
Kot zile devan dèyè sa a soti

Kot peyi kote tout moun te respekte moun nan
Kot peyi ki te konn lonje men ba lot nasyon an
Kot peyi kote moun te renmen moun nan
Kot peyi m nan Ayiti cheri

Patizan

Tande non nèg
kouman nou fè
renmen
pouvwa konsa
kouman nou fè
renmen
tout pou kont nou konsa
kouman nou fè
gen je
nou avèg konsa
kouman nou fè
gen lespri
nou sòt konsa
Tande non nèg
kouman nou fè
pa renmen
peyi n konsa
kouman nou fè
gen kè di konsa
kouman nou fè
san wont konsa
di m non nèg

57

Ou Konnen

Ou konnen
Lè w finn bwè sache dlo a
Pou pa lage sache a atè
Ou konnen
Pou w pa voye fatra
Devan baryè moun
Ou konnen
Pou pa plen kanal yo
Ak vye boutèy plastik
Ou konnen
Pou pa degaje w bò rivyè a
Pouki sa w toujou fè l
Ou pa konnen?
Kouman w fè konnen lè
Manchèt la frape bò bouwèt la
Se machann kann nan
K ap pase
Kou w tande
Ti klòch la sonnen
Ou konnen
Se chany lan k ap pase
E pi w di w pa konnen
Ou konnen byen pwòp
Ou pa vle
Kite move mès

Kite m Plenyen

Mwen fèt anba redi
Mwen leve andeyò
Mwen konn lavi di
Yon jou pa jan m miyò

Chak jou ak pasyans
M ap pote yon kwa
Paske w san konsyans
Ou di pa gen dekwa

Ou chita nan lofis
W ap pran bon jan van
Mwen m ap fè sakrifis
Pou m ba dèyè m van

Ou aji san santiman
Ou gen tout pouvwa
Tankou moun ki san manman
Pesonn pa ka konsevwa

Yon jou w gen pou jije
Mwen gen asirans
Tout moun wa wè san aflije
Ke w te gen twòp sitirans

Mwen Pra l Andeyò

Mwen fatige pran sant mò
Nan kapital la
Mwen fatige ak sant pipi
Nan mi lekòl yo
Mwen fatige ak sant fatra
Nan tout rakwen
Mwen fatige ak sant watè
Nan mache yo
Mwen fatige ak sant chen mouri
Nan lari a
Mwen fatige ak sant gang
Nan katye a
Mwen fatige ak sant politisyen
Nan peyi a
M anvi pran yon lòt sant
Yon sant
Flè kafe nan mòn Kanperen
Yon sant
Flè zoranj nan Balize
Yon sant
Grenn monben Mena
Yon sant
Labapen pouri anba kafe
Yon sant
Grenn sikren ka Lawòch
Mwen pral andeyò
Ma pran yon lòt sant

Leve Atè a

Leve ate a
Chache yon bagay pou fè
Tounen lekòl
Fè tèt ou travay
Menm si sa pa mache
Rekòmanse
Chache lavi
Aprann yon metye
Fè yon ti komès
Al andeyò
Fè jaden
Plante pwa
Plante kafe
Plante nenpòt bagay
Chache yon okipasyon
Ba tèt ou
Sispann fè parese
Gen demen
Ase blame tèt ou
Ase blame moun
Ase tann moun
Lonje men ba w
Leve atè a
Chita pa bay

Ayisyen ak Lasyans

Ou kwè n ap jan m chanje
Pòtchay moto a di byen klè
Pa pote plis pase karant kilo
Nou mare de sak siman sou li
Nou mete yon ti moun chita sou yo
Moto a pa fè n de twa jou
Apre nou plenyen
Bagay chinwa sa yo pa bon

Doktè a di w pran yon grenn twa fwa pa jou
Ou menm ou pran twa yon sèl kou
Ou byen se lè w sonje ou bwè l
Apre w plenyen li pa fè anyen pou ou
Ou kwè se dyab k ap manje w
Paske maladi sa a pa maladi doktè
Ou fè wout gason w
Si w se pwotestan
Ou voye yon moun al gade pou ou

Sou zika ak epòk kolera
Yo mande nou pou elimine ma dlo
Netwaye rigòl yo pou anpeche
Marengwen fè nich ak pitit
Nou di
Se marengwen ameriken an ki bay zika
Marengwen pa nou yo
Menm le yo mòde n
Yo pap fè n malad
Se lakay ak lakay

62

Yo mande nou pou toujou lave men nou
Pou nou trete dlo n ap bwè
Pou nou pa fè bezwen nou atè
Nou di si se pa voye yo voye l sou nou
Nou pa ka pran l
Malgre moun ap mouri chak jou
Bò kote nou

Corona ap touye moun tout kote
Yo mande n pou n pran distans nou
Toujou lave men nou
Evite foul moun
Nou toujou pa tande
Lè epòk madigra nou maske
San moun pa di nou
Nou refize kouvri bouch nou
Nou di se Jezi ki mas nou
Nou pito fè lòk met la
Bwè tout kalite te
Nou mete moun ap veye corona
Manchèt nou file
Nou pare pou li
Nou pa renmen tèt nou
Nou pa renmen lòt moun tou
Men lasyens di….
Lasyans?
Ou konnen byen nou menm ayisyen
Nou pa kwè nan lasyans

Respè

Kote timoun yo
Kote nou
Vini
Vin tande
Yon koze
Vin tande
Kouman nan tan lontan
Timoun te respekte
Granmoun
Pwofesè
Tout moun
Vini m montre w di
Bonjou tonton
Bonjou matant
Bonjou grann
Bonjou mesye dam
Kite m montre w di
Onè
Mesye dam la sosyete
Vinn aprann
Bon manyè
Vin aprann
Lapolitès
Vin aprann respè
Vin aprann lanmou
Renmen frè w
Renmen vwazen w
Renmen peyi w

Fabiola

Ou sonje
lè nou t al Jele
mwen te kenbe men w
n ap mache sou plaj la
ou pantan
chak lè m voye
ti dlo lanm lamè sou ou
Ou sonje
lè nou te kouche
sou sab la
mwen te pran yon ponyen sab
m ap vide sou tout kò w
ou te di m
jan w santi w byen avè m
Ou sonje
ou te kouri pou yon ti krab
ki te monte sou pye w
ou vole sou mwen
mwen sere w nan bra m
mwen bo w
Ou sonje
lè nou te chita
anba pye zanman nan
nou te plen vant nou
lanbi boukannen
ak pwason gwo sèl
Mwen sonje
nou pa t gen okenn sousi
nou te renmen yonn lòt

Islande

Mwen gen tout bagay
sof ou
kidonk mwen pa gen anyen
san ou
fanmi m toujou ap pale
de ou
tout rèv mwen fè
se ou
yon ti powèm mwen ekri
pou ou
mwen voye yon ti bo
ba ou
mwen renmen w plis chak jou
e ou

Claudia

Mwen menm ak Claudia
Pat gen anyen
Ki te ka separe nou
Ou do ap mande
Konbyen menaj
Ti nonm sa a
Te genyen
Tripòt
Sa pa regade w
Pou m di vrèman
Yo pat dire
Se te ti renmen vakans
Epi tou
Se pat fòt mwen
Mwen te bèl ti gason
Mwen te pedan
Fanmi m te respektab
Li nòmal
Pou m te pase plizyè menaj
Nan bò w esplikasyon
Ou fè m bliye
Sa m ta pral di w
De mwen ak Claudia

Randevou

Vin non cheri
vini aswè a
m ap tann ou
anba
pye monben an
kote nou te bo
pou premye fwa
Vin non cheri
vini aswè a
m ap tann ou
pa bliye mete
bèl ti kòsay ou a
ak ti bout jip
mwen renmen an
Vin non cheri
vini aswè a
m ap tann ou
vinn nou gade
lalinn nan
ki wouvè je l sou nou
vini m montre w
zetwal pa w la
Vin non cheri
vini aswè a
m ap tann ou

Tounen Non

Lapli ap tonbe
lajounen kou nan nwit
san rete
depi le w ale a
ti zwazo yo
pa sispann kriye
depi yo pa wè w la
Medò
ti chen w renmen an
pa janm jape ankò
Pye mayi yo
louvri de bra yo
y ap kriye o sekou
Mwen ou konnen
se kè m ap kenbe
m ap ekri tristès mwen
nan yon powèm
Si w te ka tounen
menm pou yon jou
li ta fè yon ti klète
solèy la ta klere
mwen ta sispann
gade ti foto w la
ki nan bous mwen an
Tounen nou
pou ka gen lavi
nan bouk la ankò

Yon Favè

Si pandan w ap mache
nan lari Montréal
ou ta jwenn ak
Guerlande
mande l pou mwen
si l te pati ak yon mòso
nan kè m
se tankou m
pa menm jan an ankò
mwen pa ka retire l
nan lespri m
se tankou mwen manke
yon bagay
Nan nwit mwen reve l
la jounen
li toumante m
Si w ta wè l
di l pou mwen tanpri
tounen afè m ban mwen
si se sou pon Champlain
ou jwenn li
li te mèt lage l
nan rivyè St Laurent pou mwen
si se Dorval ou jwenn ak li
li mèt lage l nan ayewopò a
si w jwenn ak li
sou boulva Henri-Bourassa
di l pou mwen li mèt voye l
nan C.A.M Transfer

Si Bondye te ka Tande

Si Bondye te ka tande
li ta tande
pèp Ayisyen kap rele anmwe
li ta tande
ti zwazo yo
k ap chante tristès yo
li ta tande
tèt mòn yo
k ap plenyen anba solèy
li ta tande
jaden yo
k ap di yo swaf lapli
Si Bondye te ka tande
li ta tande
pye bwa yo
k ap tòde anba tanpèt
li ta tande
timoun yo k ap soufri
nan prizon òfelina malatyong
Si Bondye te ka tande
li ta tande
zantray manman
k ap koupe
pou pitit yo
malfèktè touye
Si Bondye te ka tande
Li ta reponn deja

Sa w Konnen

Kote w
vin non
ban m esplike m ak ou
se Bondye
ki ta renmen koze ak ou
ou menm ki saj pase Salomon
vin di m non
sa w konnen
ouvè zòrèy mwen non
si w kwè m pa tande
m ap tann ou
gran kòzè
mèt afè
Ou panse bagay yo
senp konsa
Ou panse m pa tande
ou panse m pa sansib
ou panse m se ou
mwen eseye montre w
ou pa vle aprann
mwen eseye fè w wè
lonbray kouvri je w
sa w konnen
di m non
m ap tande

Eskize m

Eskize m
si w wè m ap pale konsa
eskize m
si w wè m manke respè
eskize m
Si w wè m pa gen bon konprann
eskize m
si w wè m parèt awogan
se paske m toumante
bagay yo tèt anba
inonsan ap mouri
mechan an ap fè grandizè
mwen pa ka wè
enjistis sa yo ankò
mwen panse ou te mawon
mwen te kwè
sa pa fè w anyen
mwen rekonèt
mwen pa konn sa m ap di
si w pa ban m
bwa long kenbe
louvri je m
tanpri Papa

Vini

Vin chita
sou janm mwen
do m laj
mwen ka pran jouman
mwen pa fache sou ou
mwen konprann
bagay yo pa gen sans pou ou
vin non
vini m pale w de mwen
nan pwen anyen w di
nan pwen anyen w fè
ki ka anpeche m renmen w
vin aprann lespri
vini
kite m renmen w
kite m ede w
pote chay yo
vini
kite m esplike w
sa k ap pase
kite m di w
nan ki lagè nou ye
ou pa konnen
nan goumen malè ka rive
lenmi an malen
moun ka mouri
men mwen se chef lame a
se mwen k mwen
nou genyen batay la deja

Gran Nèg

Menm lè w ta gen plis kòb
Pase tout moun
Se pa ou ki pi gran nèg
Menm lè w ta gen plis konesans
Pase tout moun
Se pa ou ki pi gran nèg
Menm lè w pa ta sou zòd
Pesonn moun
Se pa ou ki pi gran nèg
Menm lè w pa ta respekte
Pesonn moun
Se pa ou ki pi gran nèg
Menm lè w ta p viv pi alèz
Pase tout moun
Se pa ou ki pi gran nèg
Menm lè w kwè w pi relijye
Pase tout moun
Se pa ou ki pi gran nèg
Moun ki renmen Bondye
Ki renmen pwochen yo
Ki renmen tèt yo
Ki renmen lanati
Nenpòt moun
Se li ki pi gran nèg

Pou Laglwa Bondye

Ou se dyak legliz
Pou laglwa Bondye
Ou se monitè lekòl dimanch
Pou laglwa Bondye
Ou se mayestwo koral
Pou laglwa Bondye
Ou se manm koral
Pou laglwa Bondye
Ou se prezidan lajenès
Pou laglwa Bondye
Ou se mizisyen legliz
Pou laglwa Bondye
Ou dirije chak dimanch
Pou laglwa Bondye
Ou chante yon chan
Pou laglwa Bondye
Eske w konnen
Pouki sa w bay ofrann
Eske se pou vòlè ak vès kòlte
Ka byen pase
Ou byen
Pou laglwa Bondye
Eske w se pastè legliz la
Pou laglwa Bondye

Yon Priyè

Tòk tòk tòk tòk
ki moun ka p kraze
vye bayè a
se mwen
se frè Jules
ki moun ou te bezwen
yon priyè m te vinn ba w wi
yon priyè?
kote w jwenn li
ki kalite ladan yo
yon priyè
manje a panko kwit
m ap tann li
ou byen
yon priyè
pa gen kafe ak pen ankò
ki kalite priyè
yon priyè
sa w jwenn ou mèt ban m
Bon, jodi a
sanble m pap pran non
frè Jules
bagay yo pa twò bon

Pè Letènèl

Pou anpil ayisyen
Pè Letènèl se Bondye
Pè Letènèl ka
Yon kamyon bis Jeremi tou
Yon bank bòlèt
Yon tap tap
Pè Letènèl ka
Yon taxi moto
Yon ti boutik
Yon famasi
Yon ponp finèb
Yon brik a brak
Pè Letènèl ka
Yon restoran
Yon kamyon dlo
Yon bourèt
Yon depo chabon
Pou Ayisyen
Pè Letènèl
Ka nenpòt sa yo vle

Simityè

Limen balèn
Plante medsiyen
Blanchi tonm
Pentire kavo
Simityè
Pale ban mwen
Kot moun mwen yo
Simityè
Pouvwa w fini
Ban m tout mò w genyen
Ban m sèkèy yo
Ban m kouwòn yo
Ki koze sa a
Simityè
Ban m sa w jwenn
Menm si zo yo
Pa bon pou fè bouton
Ban m zonbi yo
Ban m nan m yo

Eliyis ak Nich Foumi an

Jodi a m vinn pou nou
Eliyis lonje dwat li
Sou nich foumi an
Yè li ta p sakle jaden mayi a
Li fè yon kout sòkò
Nich foumi an leve
Yo kouvri l san l pa wè sa
Le tan pou l frape pye l atè
Dis ladan yo
Gentan rantre andedan kanson l
Yo mòde enstriman l
Eliyis danse
Eliyis pyafe
Tankou marinèt lwa monte
Yo sasinen l
Li pase nan ti boutik Serèt la
Li pran
Yon ti pake poud detete
Yon ti ka kleren
Li parèt sou nich foumi an
M ap jwenn bout nou jodi a
Eliyis bwè yon gòje kleren
Li simen poud
Li vide kleren
Lè Eliyis wè foumi ap mouri
Grenn pa grenn
Li rale yon gròg
Li di
Jodi a m pran nou

Grangou Dimanch

Roland rantre
Pesonn pa konn kote l soti
Li grangou
Li pa gen yon goud
Pa gen anyen nan kay la
Jodi dimanch
Li gen tan onzè di swa
Li pase nan kizinn nan
Pa gen anyen
Li leve kouvrepla sou tab la
Pa gen anyen
Li ouvè pòt gad manje a
Li peze yon zaboka
Li panko mi
Li tounen sou tab la
Je l tou patou
Li tounen peze zaboka a ankò
Li toujou twò di
Li jwenn yon pen Loran
Anba nap la
Li pi di pase wòch Laravinn
Gen senk jou
Depi ravèt ap badnen ladan l
"Kèt gade sa m ap manje"
Li konnen byen konnen
Grangou dimanch swa
Se grangou ki pi rèd

Tèt Chaje

Michna
Kòm si m wè chak jou
Se ou k al nan mache
Ou pa gen sèvant ankò
Woy!
Mouche a pa vle m gen bòn non
Mwen te pran yon jèn ti fi
Mwen oblije voye l ale
Mwen pran yon vye granmoun
Mwen oblije voye l ale
Mwen pran yonn ant dezaj
Mwen oblije voye l ale
Dènye a malgre l te yon kokobe
Mwen oblije voye l ale
Chak bòn mwen pran
Mouche a pase pye sou li
Sa l jwenn li pran
Li pa nan triye
Eeeeey!
Se pa bòn yo pou voye ale non
Se ak mouche a pou regle wi
Woy!
Tèt chaje

Twa Zanmi

Tonton Monvil ap byen pase
Li chita anba pye sabliye a
L ap rale yon ti tabak
Tou nen l yo nwè
Tankou mouda chodyè
Je l wouj tankou
Je divinò ki vle fè moun pè

Osyèl parèt
Li kanpe dèyè pip li
L ap voye nyaj monte
Li rale nyaj nan yon tou nen
Li pouse l deyò nan yon lòt
Lafimen manje tout pwèl je l
De fèy tabak pandye
Nan bouda pòch li

Men Sonèl
L ap byen pase tou
Li pa ka kanpe an plas
Li pa janm pa sou
Li gen sis pitit
Yonn pa a l lekòl
Tout ti lajan l fè
Se pou l achte kleren

Twa bon zanmi chak apre midi
Anba pye sabliye a
Yonn pa ka ede lòt

Yon Pèlen

Yon jou
Solèy la te gen tan chita
Nan mitan syel la
Mwen te gen tan manje
De grenn gwayav
Yon bò zaboka
Ak yon bout kann anana
Kò m nwi m
Mwen voye je m nan lakou a
Mwen we toutrèl ak zètolan
Ap monte desann
Mwen fe yon karabann ak yon pèlen
Mwen simen mayi ak pitimi
M ap tann
M ap veye
Yon ti dòmi pran m
Anba pye mango a
Pandan m ap kabicha
Manman m pap
Li pran m nan zòrey
"Ki moun ki tann pèlen nan lakou a"
Le tan pou m konprann
Sa k ap pase
Li di m
Al flank ou ajenou
Olye de zètolan ak toutrèl
Se manman poul la m pran
Nan pèlen an

Occius

Nèg Arada
nèg nen pwès
gason kanzo
gason vanyan
gason pa kanpe
gason pa poze
nèg douvanjou
nèg ti lalinn
nèg lawouze
neg latè
kouche non gason
tounen Lafrik
ka manman nou
kouche nèg
tounen nan ginen
se la
zansèt nou ye

Lanati Ankòlè

Plim je m ap bat
Pase zèl kolibri
K ap souse
Flè choublak
Lè van soufle
Loraj gwonde
Pye bwa bat bravo
Lanmè anraje
Zwazo chante
Latè tranble
Se move tan
Lanati ankòlè

Tonèl Malè

Ki moun
ki te monte
tonèl malè sa a
Lè lapli
ap tonbe
yon goutyè
ap swiv mwen
chak kote m vire
anba tonèl
malè sa a
lè gen bon tan
mwen ranje kò m
pou m fè
yon ti kabicha
chak kote m
mete nat la
solèy la jwenn ak je m
mwen vire isi
li la
mwen vire lòt bò
li la
yon moun
ou pa ka finn
byen nèt anba
tonèl malè sa a

Kite Babye

Mwen fè rèv
men yo pa reyalize
men
mwen kite babye
gen bagay mwen fè
mwen regrèt
men
mwen kite babye
gen de erè m fè
mwen pa ka korije ankò
men
mwen kite babye
gen de lè m doute
tèt mwen
men
mwen kite babye
gen de lè m santi m
dekouraje
men
mwen kite babye
paske babye se tankou
yon dodinn
ou mèt souke kò w sou li
jan w vle
li p ap fè yon pa kita
yon pa nago

Restoran Ayisyen

Kit ou te
Boston
Miami ou New York
a Paris ou Montréal
restoran ayisyen
pa jan m gen sa w vle a
gen legim
non
gen pwason gwo sèl
non
gen diri blan
non
gen bannann peze
non
gen lanbi
non
gen sòs pwa nwa
non
gen taso cabrit
non
gen ragou kochon
non
gen chevrèt
non
se sèl mayi moulen kole
sòs vyann
ak bannann bouyi
nou genyen
fè yon pla pou ou?

Zoranj Malere

zoranj fèy
zoranj bwa
zoranj komenn
zoranj lakaye
zoranj chen janbe
zoranj grangou mare
zoranj lè w bare
zoranj pa monte tab
zoranj andeyò
zoranj malere

Kot Blan Pa w

Sa w ap fè Etazini toujou
ou menm
tounen non
se an Ayiti kòb la chita
moun ki sòt ap fè lajan
ou rete ap betize
Kouman sa
Ou ka fè yon òfelina
chache de grenn timoun
andeyò
rantre ak de twa blan
vin fè foto
ou ka kòmanse yon legliz
chak mwa ou gen
yon gwoup blan ki rantre
vin fè seminè
ou ka fè yon lekòl
ou fè blan sponsorize timoun yo
ou ka fè klinik andeyò
ou fè tout kalite doktè rantre
ou chaje yo manje dòmi transpò
ou gen yon gwo kay k ap gaspiye
se konsa tout pastè
bò isi yo fè l
jan nèg isi renmen blan
si w bezwen byen pase
Se pwòp blan pa w
pou genyen wi nèg

Se Blan m Ye

An Ayiti
Blan an toujou vle fè w konnen
Se blan l ye
Sa w vinn fè an Ayiti
Se blan m ye
Ou pa konn anyen ou chèf
Se blan m ye
Ou touche plis pase ayisyen ki nan menm pòs la
Se blan m ye
ONG a dwe anrejistre ak leta avan
Se blan m ye
Ou pa ka sezi tè moun yo non
Se blan m ye
Ou pa ka al vòlò pitit moun yo konsa
Se blan m ye
Ou pa ka mache vyole timoun piti konsa
Se blan m ye
Ou pa ka rantre la a mesye
Se blan m ye
Peyi a lòk ou pa ka vwayaje
Se blan m ye
Avyon an pa gen plas ankò
Se blan m ye
Ou dwe respekte ayisyen
Se blan m ye
Ou pa konnen
Apre Bondye se blan

Apre Bondye se Blan

Moun ki sòt la
Moun ki tèt anba
Moun k ap fè sousou
Moun ki bezwen favè
Moun ki pa kwè nan tèt yo
Moun ki pap regle anyen
Toujou emèveye devan blan an
Touye yo kite yo
Yo kwè
Apre Bondye se blan
Yo toujou ap di
Blan an pap fè erè sa a
Se lè blan m genyen
Mwen manje tankou blan
Entèl viv tankou blan
Blan an pap ba w manti
Moun sa yo toujou chita
Ap tann blan
Menm jan y ap tann Bondye
Pou yo pa gen diferans
Yonn ka ranplase lòt
Paske nan tèt yo
Apre Bondye se blan

Milton

Hey blan
Kouman w rele
Mwen rele Milton
Kote w soti
Mwen soti lòtbò dlo
Sa w vin regle Ayiti
Mwen vin pran ti rès la
Ti rès kisa
Ti rès peyi w la
Men nou pran tout deja
Fòk nou fini ak li nèt
Se renmen w renmen Ayiti konsa
Non mwen renmen lajan
Yo di m se misyonè w ye
Wi misyonè tonton Sam
Se pa levanjil ou vin preche
Levanjil
Yo te gen tan fè ayisyen tounen zonbi deja
Ki yo sa a
Misyonè parèy mwen yo
Nan ki pwojè ou ye
Pwojè pete je ayisyen
Pran foto mizè epi ranmase lajan lòtbò
Sanble se plis pwoblèm ou vin bay isit
Se blan m ye
Mwen ka fè nenpòt bagay an Ayiti
San anyen pa rive m
Nou abitye fè sa

Sabine

Rete
Ase danse nan tèt mwen
Rete
Ase fè lavironn dede avè m
Rete
Retire w nan lespri m
Rete
Sispann jwe jwèt ak mwen
Rete
Ase jwe ak kè m
Rete
Ou mèt di m sa w ap di m nan
Rete
M fatige tann ou
Sabine

Foto a

L ap gade m
M ap gade l
Ti foto w te banm nan
M ap pale avè l
Li pa reponn
Li ri
Tankou se plezi
L ap pran avè m
Je l klere
Tankou yon stati la Sent Vyèj
Je m pa ka sot sou li
Mwen gade l
Mwen bo l
Li ri
Tankou l kontan
Jès mwen an
Mwen gade l ankò
Mwen foure l nan
Bous mwen

Louloune

E si nou ta pati
ansanm
sèl ou menm avè m
kite tout bagay dèyè
nou de a sèlman
ann kite zòn nan
ann pati
ann al kache
nan yon ti kwen trankil
nou de a sèlman
ann pati
kote moun pap wè nou
kote yo pap jwen nou
kote yo pap anmède nou
ann ale
nou de a selman
kote moun pap jije nou
ann ale
ann al viv
ann al renmen
ann al fè lanmou
ann ale
nou de a sèlman

Marise

si m te ou
m pa ta met tèt mwen nan pèlen sa a
si m te ou
m pa ta dekwoke malè sa a
si m te ou
m pa ta reveye deranjman sa a
si m te ou
m pa ta foure tet mwen nan twou sa a
si m te ou
m pa ta sasouyèt nich gèp sa
Yo di lanmou avèg
si m te ou
m ta mete yon linèt
yo di lanmou pa konn koulè
si m te ou
m ta gade si koulè sa yo ale ansanm
yo di moun ki damou fou
si m te ou
m ta pote tèt mwen nan sanatoryòm
Marise
si m te ou
m ta tande

Mimose

Voye je w gade
parèt bò fenèt la
pwoche pou wè
voje je w anlè
gade yon ti zwazo
ki pote yon komisyon pou ou
gade nan zèl li
wa wè
yon pake afeksyon
vlope ak tout tandrès mwen
gade nan bouch li
wa wè
san mil bo
ke m voye pou ou
wa pran youn chak minit
veye ti zwazo a
maten midi aswè
jouk nou rankontre ankò

Minon

si w te rivyè Kavayon
m t ap lage tout kò m ba ou
m t ap fè tout jounen an
ap benyen nan tandrès ou
si w te kafe Lavale
mwen t ap pran w
maten midi swa
si w te lanmè Pòsali
atò konsa m te kouche
bò kote w sou sab la
m t ap rete dousman
ba w mouye tout kò m
ak lanm ou
si w te myèl Wanament
m t ap kite w poze sou mwen
pou te ka fè m dous
kou siwo

Si w te Pou Mwen

Jessica
si w te pou mwen
se pa powèm sa a
m t ap ekri
si w te pou mwen
ou pa ta met van nan vwèl ou
ou pa t ap kite m
pou
dyaspora
goumèt
zanno
kras
si w te pou mwen
ou t ap pito lanmou
pase lajan
si w te pou mwen
m pa t ap pèdi w
m te mèt poze m
sak pou yon moun
lavalas pa pote l ale

Corona

Corona
Kouman w fè lèd konsa
Bouch ou laj
Tankou tou sab Montay Nwa
Je w wouj
Tankou dyab k ap bwè san

Corona
Kouman w fè lèd konsa
Ou tèlman lèd
Ou gen senkant pye
Tout moun maske
Pou yo pa pran sant ou

Corona
Kouman w fè lèd konsa
Ti moun kou gran moun
Ap gade w na tou pòt
Ase souse san
Inonsan

Jou Kodenn

Kòk mwen
sa k pase gason
n ap koukouyoukou
jodi a konbyen
pou di se pa sis janvye
ou konnen jodi dimanch tou
ou di orevwa deja
sa k pase
kote m prale
talè w ap konn Georges
jodi a se jou w gason
se jou w pral bwa chat
Se jou w pral nan peyi san chapo
ou pa konnen
se jou jako pye vèt
al wè menaj yo
tablye manje fèt
dabitid se yon kòk ki pase
kouman m panse ti zenga
te mouri
ba bay
Djo al kenbe kodenn nan
pou mwen
jodi a se li m ap touye
men ni fout
apa se mwen k pran
nan twa rwa

Sou Glasi

m te toujou renmen
le swa
lè m kouche
sou glasi a
lè lalinn nan pral gwòs
lè li klere
yon bò
lè zetwal yo parèt
renka renka
lè pa gen yon ti bri ditou
lè lanati fè yon kanpe
sof de ti limyè
k ap limen tenyen
sou lantiray la
de koukouy
k ap fè lanmou

Madan Sara

Ou leve bonè
Pou bay lavi
Ou kouche ta
Pou bay lavi
Se ou k gason
Se ou k fanm
Ou pase mizè
Ou travay di
Ou chache lavi
Nenpòt kote
Anba solèy kou lapli
Ou tonbe plat
Ou leve ankò
Kote k pa gen lavi
Ou pote lavi
Sou do
Ou pote lavi
Sou tèt
Ou pote lavi
Menm lè yo di w
Pa moun
Ou bay lavi
Respè pou ou Sara

Se Madanm Ou

Se pa paske
se ou ki bay di goud nan kay la
ou gen dwa pale avè l jan w vle
Se pa paske
w nan yon pi gwo pozisyon pase l
ou gen dwa ap manke l dega
Se pa paske
w rantre manje a panko pare
ou gen dwa derespekte l
Se pa paske
w fè pi gwo klas pase l
ou gen dwa joure l moun sòt
Se pa paske
li pa ka fè pitit
ou gen dwa al pran lòt fanm sou li
Se pa paske
lakay ou sa w di se sa
li pa gen dwa a lapawòl
Se pa paske
lakay ou se ou k chèf
ou gen dwa leve men w sou li
Okontrè
se gason sòt
gason ki manke
gason k pa total
ki fè bagay konsa
respekte madanm ou

Konpa

Kite konpa a mache
Kite Webert montre chemen
Kite Ambassadeurs pati devan
Kite Nemours danse kare

Kite konpa a mache
Kite l fè san m kouri
Kite tanbou frape
Kite Shoo Black kenbe do m

Kite konpa a mache
Kite Frères Déjean debake
Kite gong nan sonnen
Kite ren m brase

Kite konpa a mache
Kite Magnum pike devan
Kite Shleu Shleu tounen Skah Shah
Kite Djet-X balanse yaya

Kite konpa a mache
Kite Tren an pase
Kite Bèt la mòde
Kite Shupa Shupa woule

Kite konpa a mache
Kite Septen dous
Kite Samba Créole kole boyo
Kite Meridional kalma

Kite konpa a mache
Kite Panorama fè sakrifis
Kite Tropicana pran pasyans
Kite Tabou bese ba

Kite konpa a mache
Kite m tande Volo Volo
Kite m danse Colé Colé
Kite m pran nan System nan

Kite konpa a mache
Kite Bossa bay akolad
Kite Les Stars bay li sou kòmand
Kite Ibo Combo bay la frechè

Kite konpa a mache
Kite Shoogar sonje Lèlène
Kite Difficiles vire won
Kite Gypsies gaye gagòt

Kite konpa a mache
Kite Pachas jwe siwo myèl
Kite New Stars ak Olivia
Kite Fantaisistes chante fanm

Kite konpa mache
Kite Loups Noirs manje anana
Kite Jouvenceaux pran kouraj
Kite konpa a mache
Nan wèl mwen

Anwo Gavanno

Nèg pra l nan mòn
Anwo Gavanno
Al bat tè
Al bat lavi
Bat lawouze
Rache zegwi
Boule boukan
Plante yanm
Patat tifèy
Rache pwa
Pase mizè
Travay di
Dòmi nan joupa
Manje grenn bwa
Boukannen masòkò
Yon dyola
Yon pikwa
Yon sèpèt
Nèg kont latè
Anwo
Nan mòn Gavanno

Ou Konn Konsa Tou

Gen de lè m kite
lespri m flannen
mwen pèdi nan
rèv mwen
gen de lè m gade
m pa wè anyen
gen de lè m ekri
pawòl san sans
gen de lè m reve
m pa sonje anyen
gen de lè m kriye
dlo pa sot nan je m
gen de lè dlo sot nan je m
san m pa kriye
gen de lè m griyen dan m
san m pa ri
gen de lè m kouche
dòmi pa pran m
gen de lè m dòmi
san m pa kouche
gen de lè m priye
anyen pa mache
gen de lè afè m regle
san m pa priye
Ou konn konsa tou

110

Se Lavi

Solèy la leve
Tè a vire an won
Solèy la kouche
Tè a kontinye vire an won
Gen de kout zeklè ki fèt
Gen de tanpèt lapli nou wè
Nou sèlman ka kanpe gade
Menm jan nou gade zetwal yo
Menm jan nou gade lalinn nan
Nou pa gen okenn pouvwa sou yo
Nou pa ka fè yo pi piti
Ni pi gwo
Nou pa ka fè yo desann
Ni monte
Nou fèt
Nou mouri
Tè a ap kontinye vire
Se lavi

Yon ti Mo sou Otè a

Wilson Maceno grandi Okay. Li se yon espesyalis teknoloji nan University of Minnesota. Li se yon powèt ak yon ekriven ki entèrese nan zafè sosyoloji relijyon, teyoloji, ak kilti pèp ayisyen an. Li gen yon metriz (MMIS) nan jesyon sistèm enfòmasyon nan Metropolitan State University, yon metriz (MATS) nan teyoloji nan University of Northwestern, ak yon lòt metriz (MDiv) nan divinite nan Regent University.

Made in the USA
Middletown, DE
05 August 2022

70277695R00068